Chidinma A. Onyegbaduo

Igbo Language Development (ILD)

Workbook

© 2011

This book is a workbook for Igbo Language Development (ILD)and English Language Development (ELD) {Igbo Version}. It is specifically designed to allow students practice what they have learned from the text book. This book should be used in conjunction with the textbook.. The activities in this book can be modified to meet the needs of individual student.

The pages have been matched with the textbook for easy reference.
Stickers of most of the pictures in the book are included. Also, it contains igbo story in songs with rhythmic responses to allow mastery, and Gwam Gwam Gwam (tell me, tell me ,tell me) with answers.

Mkpụrụ Edemede(okwu) Igbo / Igbo Alphabet

Depụta mkpụrụ edemede ndị e wepụrụ e wepụ

A a	B b		D d	E e	
G g		GH gh	GW gw	H h	I i
Ị ị	J j		KP kp		L l
	N n	Ñ ñ	NW nw		O o
Ọ ọ	P p			SH sh	T t
U u		V v	W w	Y y	

Dee ihe atọ bidoro na mkpụrụ okwu ndịa

A

1. ---

2. ---

3. ---

1. Gwam Gwam Gwam, Gwam, ihe mere Eze jiri raa ntụ?

Dee ihe atọ bidoro na mkpụrụ okwu ndịa

E

1. --

2. --

3. --

O

1. --

2. --

3. --

2. Gwam Gwam Gwam, Gwam, ibe ji zuru ụwa ọnụ?

Dee ihe atọ bidoro na mkpụrụ okwu ndịa

Ọ

   1. --

   2. --

   3. --

U

   1. --

   2. --

   3. --

Ụ

   1. --

   2. --

   3. --

Dee ihe atọ bidoro na mkpụrụ okwu ndịa

I

1. --

2. --

3. --

Ị

1. --

2. --

3. --

3. Gwam gwam gwam, gwam Osisi ọma m hụrụ n'ụzo ọ dịghị nma m ji egbu ya?

Ọnụ Ọgụgụ Igbo

Depụta Ọnụ Ọgụgụ Igbo ndị e wepụrụ ewepụ

Number	Igbo
1	Otu
2	
3	Atọ
4	Anọ
5	
6	Isii
7	Asaa
8	Asatọ
9	

10	Iri
11	Iri na otu
13	Iri na atọ
14	
15	
16	Iri na isii
17	Iri na asaa
18	
19	Iri na itolu
20	Iri abụọ

Dee ọnụ ọgụgụ ndị a n'igbo

Ole ka ha dị?

Ha dị atọ.

_____

Zaa ajụjụ ndị a. Ha dị ole?

2.

_____

4. *Gwam gwam gwam, gwam dum! gwam yọm!?*

3.

4.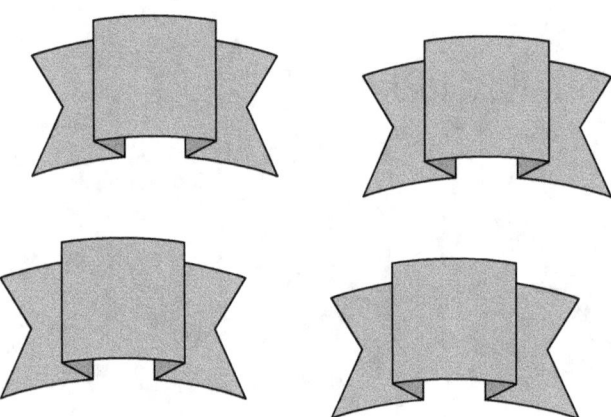

5. Gwam Gwam Gwam, Gwam akwa chukwu kere a na adịghị atọpụ atọpụ?

5.

6

7.

8.

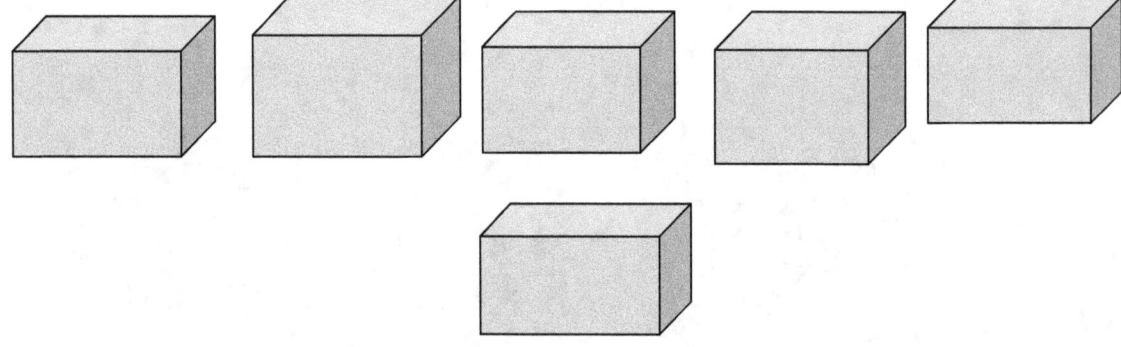

6. *Gwam Gwam Gwam, Gwam, akwa Chukwu sara n'adịghị akọ akọ?*

9.

10

Dee azịza ndị a na igbo

1.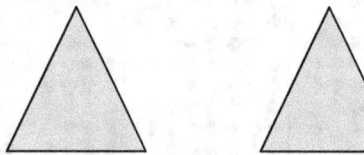

   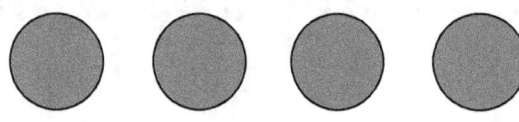 = --------------------------------

   ----

2.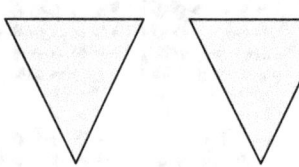

   = --------------------

   ----

3. 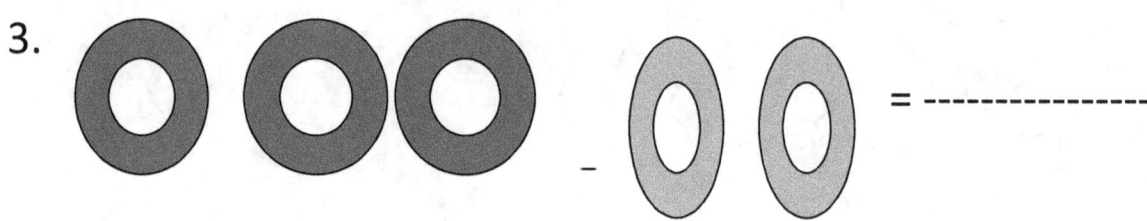 = ----------------

   7. Gwam Gwam Gwam, Gwam, ero mgbe etere?

Kedụ ihe a na akpọ akụkụ ahụ ndị a na igbo?

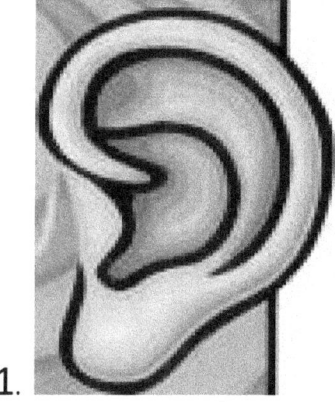

1.

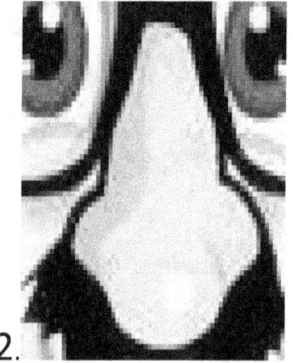

2.

3.

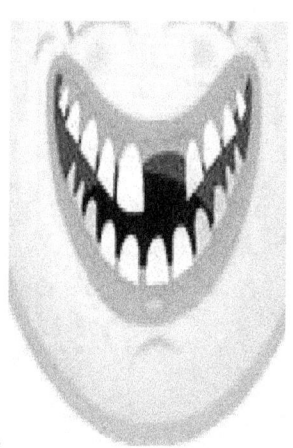

4.

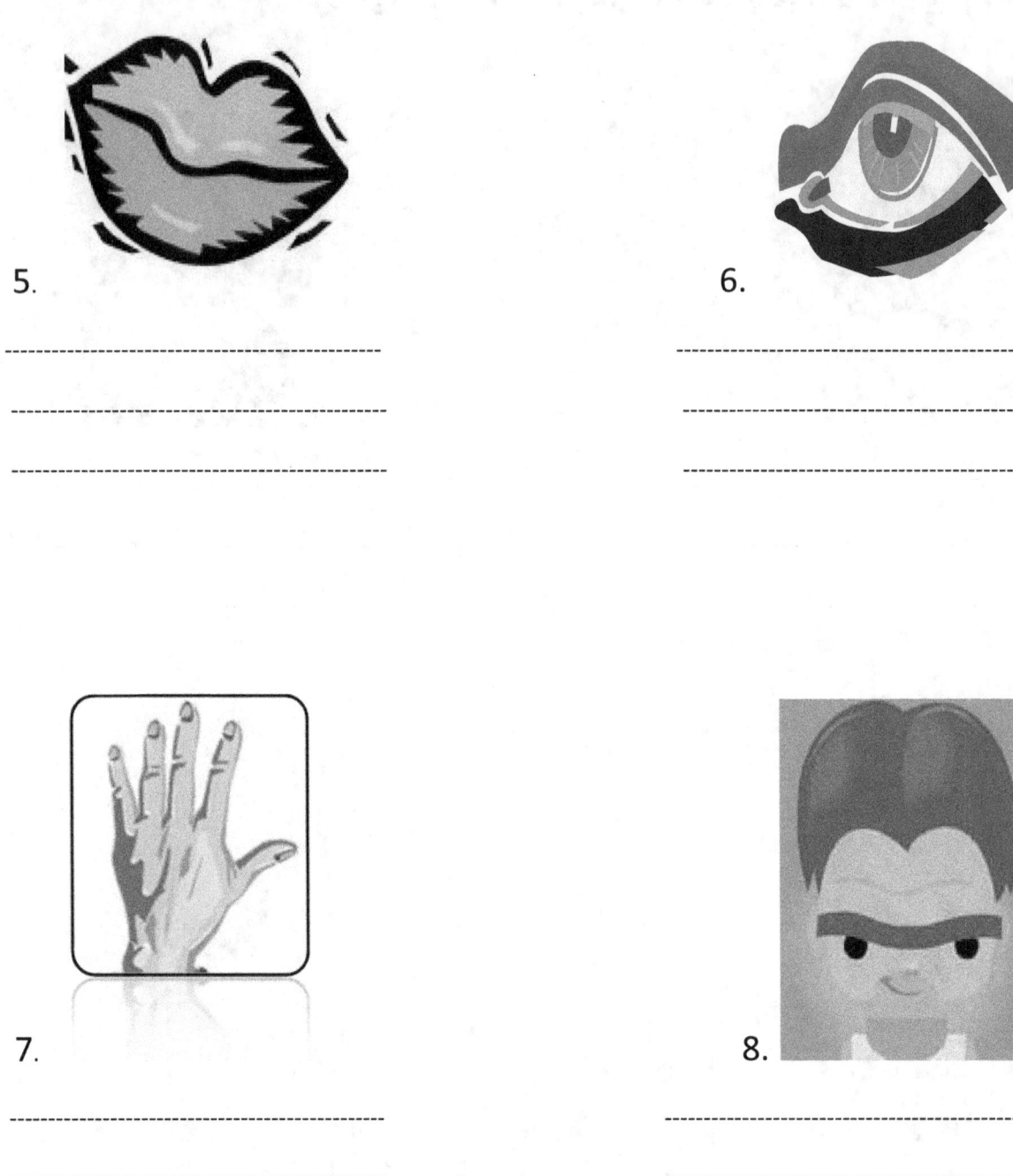

5.

6.

7.

8.

Gwam Gwam Gwam, Gwam, Okorọbịa acha a na akụ ihe aka n'abụ aka n'abụ ya a na achị ọchị?

Were Onyiyo nke a zaa ajụjụ ndị a.

Deputa aha akụkụ ahụ ndị a.

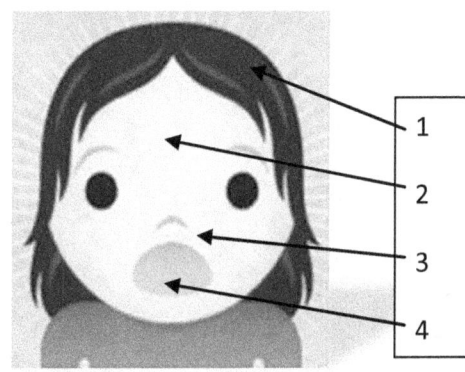

1. ---

----

2. ---

----

3. ---

----

4. ---

Aka

Were Onyinyo abụọ ndị a deputa aha 1 - 4

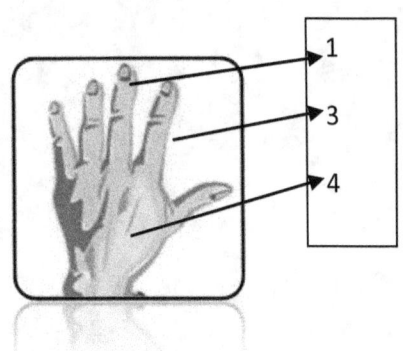

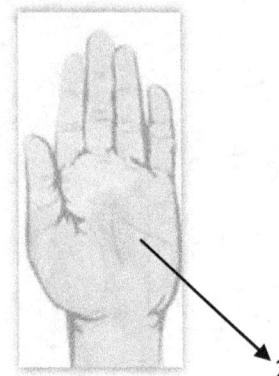

1. --   ---

   --   ---

   --   ---

2. --   ---

   --   ---

   --   ---

3. --   ---

   --   ---

4. --   ---

   --   ---

   --   ---

Tinye okwu ndi na-ọnọdụ ha

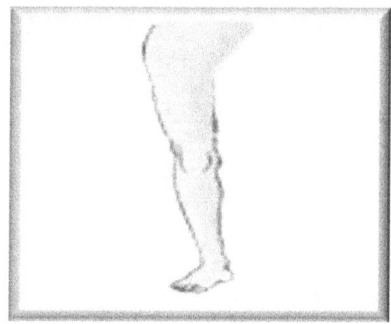

1. Mkpisi ụkwụ

2. Apata

3. Ikpere

4. Ike ụkwụ

Were okwu anọ ndị a nọ n'elu mee ahịrị okwu

1. ---

2. ---

3. ---

4. ---

Gịnị ka a na-akpọ akụkụ ahụ ndị a?

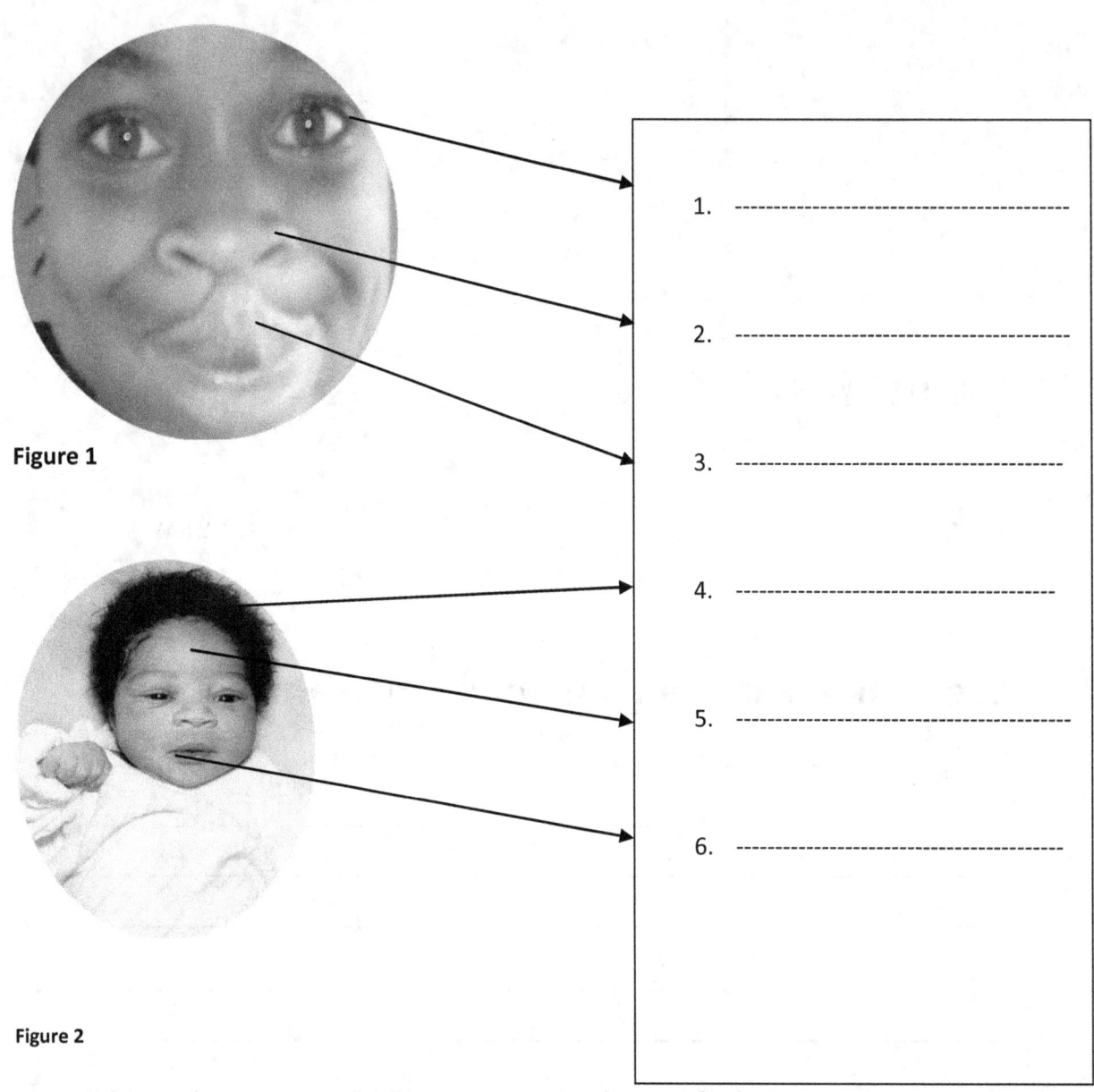

Figure 1

1. ------------------------------

2. ------------------------------

3. ------------------------------

4. ------------------------------

5. ------------------------------

6. ------------------------------

Figure 2

7. *Gwam Gwam Gwam, Gwam, nwa agbọghọbịa abụ na agba n'isi?*

Gịnị ka a na akpọ ụdị mmadụ ndị a

1. ----------------------------------

3. --

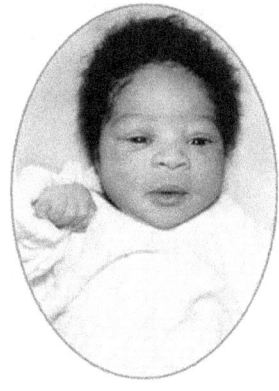

2. -----------------------------------

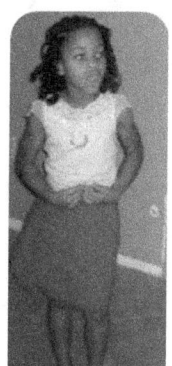

4. --

8. Gwam Gwam Gwam, Gwam, Oti nwata n iru nne ya?

5. ----------------------------

7. ----------------------------------

6. --------------------------------

8. ------------------------------------

Depụta okwu ndị a na igbo

Child/baby

1.

Children

6. --------------------------

A girl

2. --------------------------

Youth (male)/young man

7. ------------------------------

Grandmother

3. ----------------------------------

Grandfather

8. ----------------------------------

Sister

4. ------------------------------

Bother

9. ---

Granddaughter

5. ------------------------------

Grandson

10. ------------------------------

Depụta aha ihe ndị a a na eyi n'ahụ

 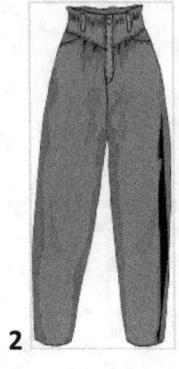  

1 ------------------- **2** ----------------------- **3** ------------------------ **4** ---------------------

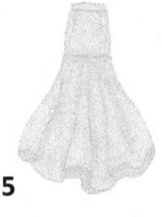  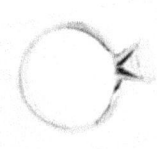

5 ----------------------- **6** --------------------------- **7** -------------------------------

 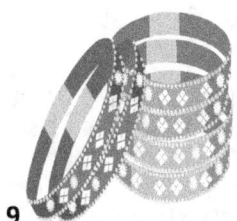 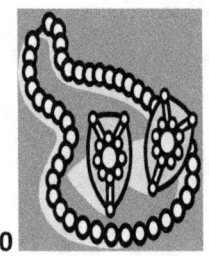

8 ----------------------- **9** --------------------------- **10** ------------------------------------

Gini ka a na akpo ihe ndi a

  1. 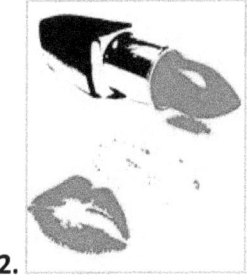 2.

------------------------------------   ---

 3  4 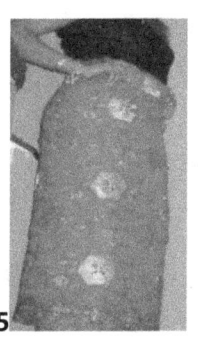 5

-----------------------------   ----------------------------   ---------------------------------------

 6  7  8

-------------------------------------   ------------------------------   ---

Ihe dị na usekwu

Gịnị bụ ihe ndị a?

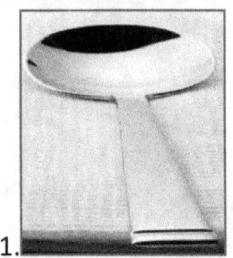

1.

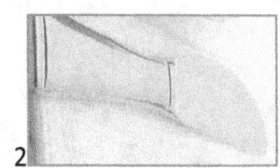

2

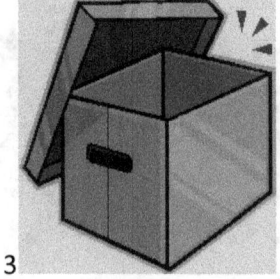

3

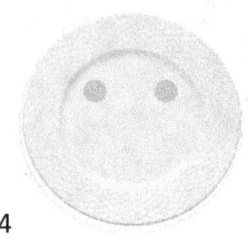

4

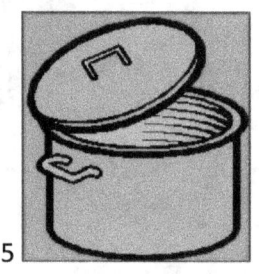

5

6

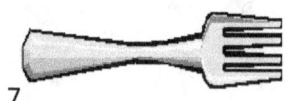

7

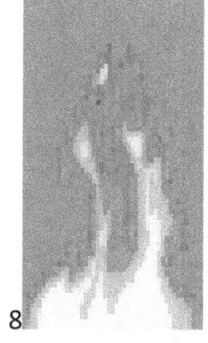
8

9

10

-------------------------------   -------------------------------   -------------------------------

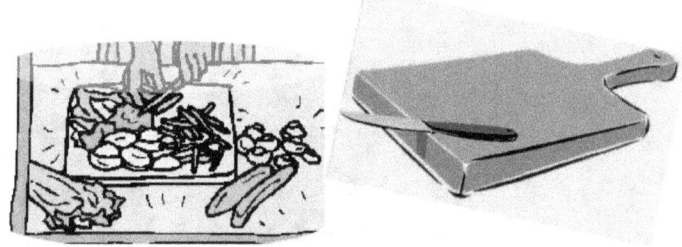
11

Ihe dị n'ụlọ

1

_____

2

_____

3

_____

4

5

----

9. Gwam Gwam Gwam, Gwam, leelee leelee?

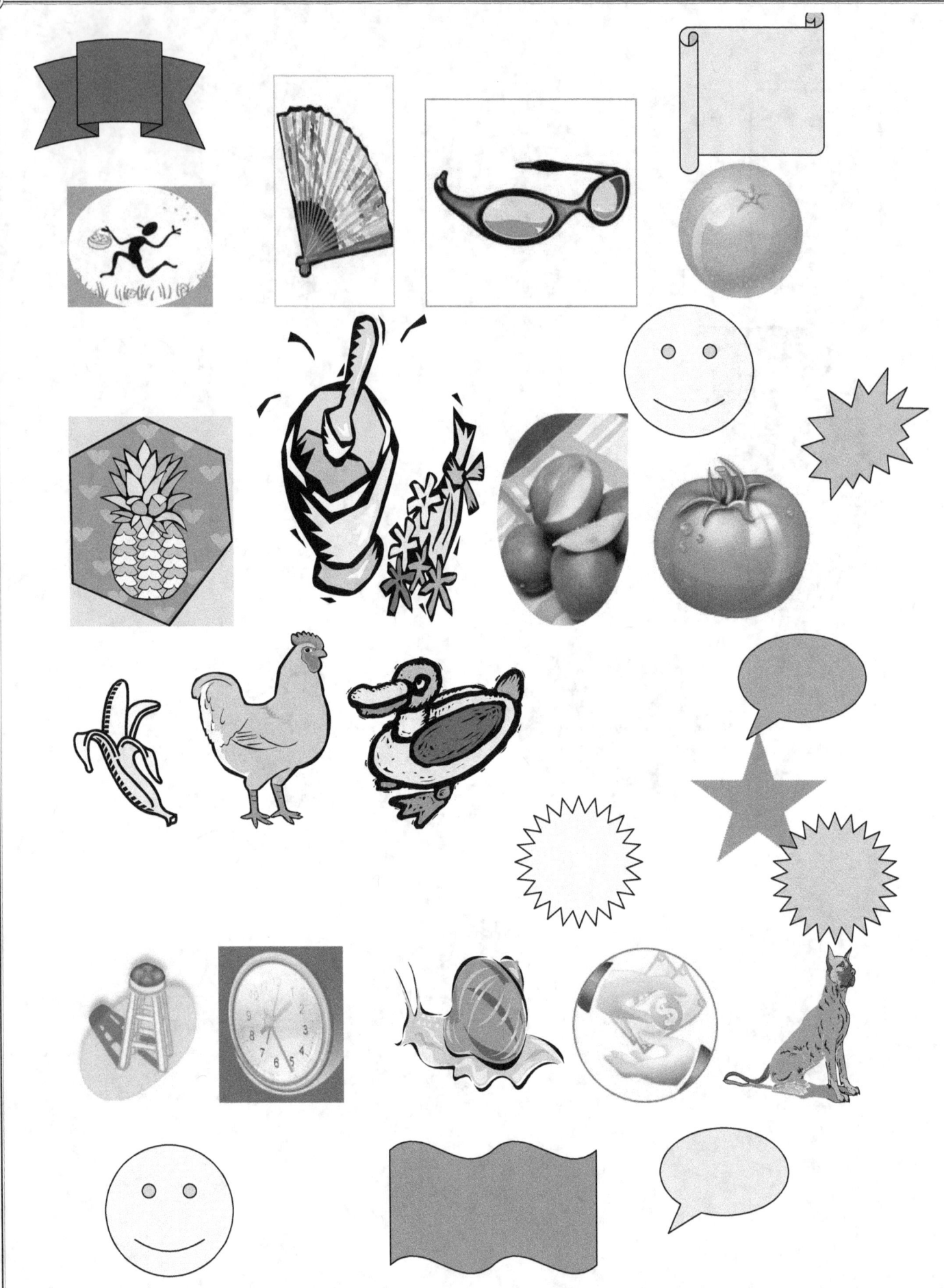

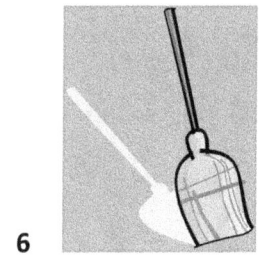 6

 7

 8

-----------------------------------   -----------------------------------   -----------------------------------

 9

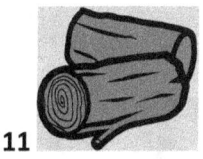 10

11

-----------------------------------   -----------------------------------   -----------------------------------

Ihe e ji arụ ọrụ n'ime ụlọ. (Gịnị bụ aha ihe ndị a?)

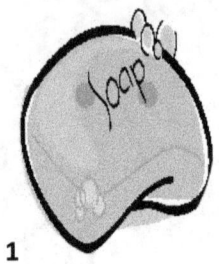

1

2

3

4

------------------ ------------------ ------------------ ------------------

5

6

7

------------------ ------------------------ ------------------------

8

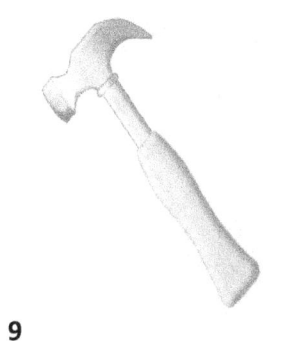

9

10

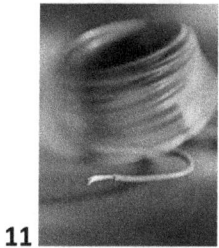

11

12

13

----- ----------------------------

Ụdị nri dị iche iche

Dee aha mkpụrụ Osisi ndị a

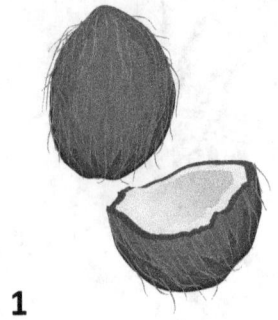

1

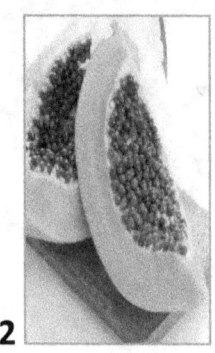

2

3

4

5

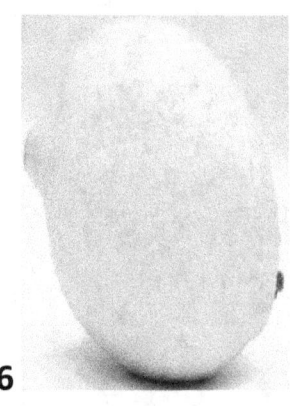

6

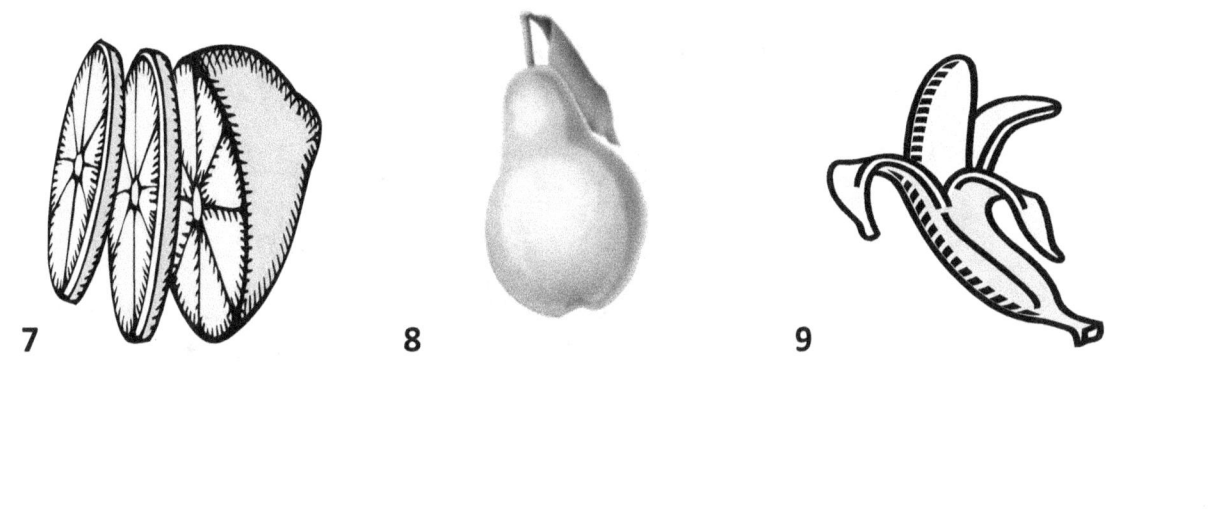

7 ---------------------------- 8 ------------------------------ 9 ----------------------------

10

11

------------------------------------ ------------------------------------

10. Gwam Gwam Gwam, Gwam, ihe kuru mmiri laa n'elu?

Akwụkwọ Nri / Vegetables

(Nye ihe ndị a aha ha)

1

2

3

4

-------------- --------------

5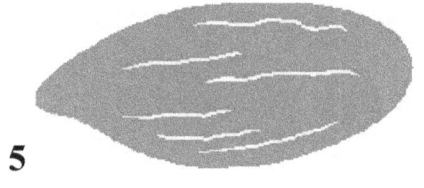

6

7

8

Anụ / Meat

Depụta aha anu ndị a

1

2

3

4

5

6

7

8

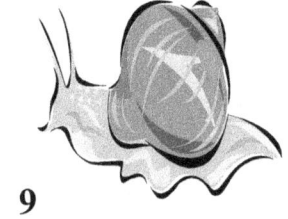

9

-----------------------------   -----------------------------   ----------------------

10

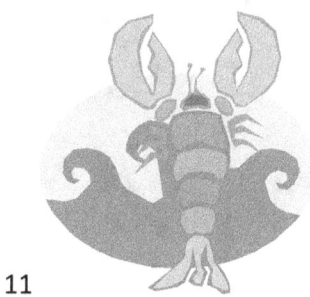

11

12

-----------------------------   -----------------------------   ----------------------

11. Gwam Gwam Gwam,Gwam ihe gba aka laa n'elu chịrị ụmụ ya rịtuo?

Ihe ndị ọzọ a na eri eri

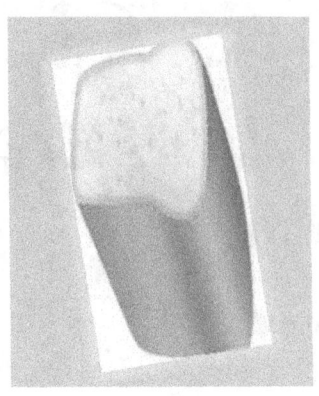

1

2

3

,,,,,,,,,,,,,,,,,,,,,,,,,,,   ---------------------   -----------------------

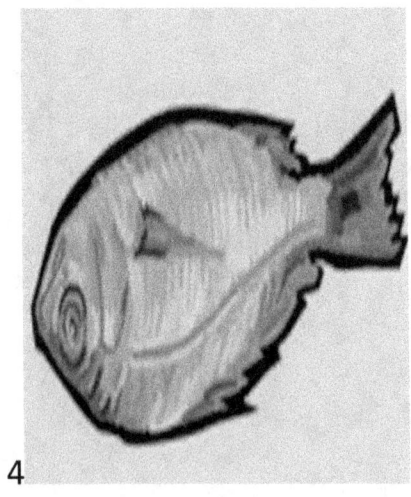

4

5

-------------------------------   ---

Họrọ okwu nke ka nma mezuo ahịrị okwu ndị a.

(Mmiri, ntị, aka, agba, ụkwụ, mma, ji, iko, ụlọ imi, ,ụlọ akwụkwọ.)

1. Were ------------------------kutere m mmiri ka m ñụọ.

2. E ji m --- m anụ isi ihe.

3. A na m ------------------------ ------------------------ọsọ.

4. E ji m ------------------------ ----------------------aga ije.

5. Ụmụ akwụkwọ nọ n'ime ------------------------------.

6. Anyị na- akụ --.

Akụkọ ufe/Egwu ọnwa

Ole anụ n'efe efe

Ajụjụ	Azịza
Olee anụ n'efe efe?	n'efe efe
Ọkụkọ, Ọ n'efe efe?	Ọ n'efe efe
Nnụnụ, Ọ n'efe efe?	Ọ n'efe efe
Ụkpara, Ọ n'efe efe?	Ọ n'efe efe
Anwụnta, Ọ n'efe efe?	Ọ n'efe efe
Nkịta, Ọ n'efe efe?	E e
Ehi, Ọ n'efe efe?	E e

Dee anụ ndị ọzọ n'efe efe n'ebe a.

_____

_____

Olee anụ nwere ụkwụ anọ

Ajụjụ	**Azịza**
Olee anụ nwere ụkwụ anọ?	nwere ụkwụ anọ
Atụrụ O nwere ụkwụ anọ?	O nwere ụkwụ anọ
Ewu O nwere ụkwụ anọ?	O nwere ụkwụ anọ
Ezi O nwere ụkwụ anọ?	O nwere ụkwụ anọ
Nkịta O nwere ụkwụ anọ?	O nwere ụkwụ anọ
Ijiji O nwere ụkwụ anọ?	E e
Ọkụkọ O nwere ụkwụ anọ?	E e

Dee anụ ndị ọzọ nwere ụkwụ anọ

_____

_____

Nwa nnụnụ were isi kwe m ekele

Nwa nnụnụ were isi kwe m ekele.

Nwa nnụnụ kwe nke m n'ekwu.

Nwa nnụnụ kedụ ebe Ị na-eje?

Nwa nnụnụ nye m ihe dị n'akpa gị.

Nwa n nnụnụ kwe kwe kwe,

Nwa nnụnụ kwe m.

Kpukpukpu ugele

Ajụjụ	*Azịza*
Kpukpukpu ugele	Kpu ugele kpu gelege
Kpukpukpu ugele	Kpu ugele kpu gelege
Onye n'ekpu ugele	Kpu ugele kpu gelege
Ada n'ekpu ugele	Kpu ugele kpu gelege
Enyinna n'ekpu ugele	Kpu ugele kpu gelege
Ngozi n'ekpu ugele	Kpu ugele kpu gelege
Amaka n'ekpu ugele	Kpu ugele kpu gelege
Eze n'ekpu ugele	Kpu ugele kpu gelege
Kpukpukpu ugele	Kpu ugele kpu gelege

Ewele	Anata mbele kube

Isi ji bụrụ ji	bele bele waa waa waa nwogu bele bele waa waa
Isi ede bụrụ ede	bele bele waa waa waa nwogu bele bele waa waa
Ụmụ nne ọ gala isu	Anata mbele kube
Elwele	Anata mbele kube
Ewele	Anata mbele kube
Ji abala nwogu	Anata mbele kube
Ejighịi ya eme nwanne	Anata mbele kube
Ejighị ya eme nwanna	Anata mbele kube
Ewele	Anata mbele kube
Ewele	Anata mbele kube
Ewele	Anata mbele kube
Ji abala nwogu	Anata mbele kube
Ejighị ya eme nwanne	Anata mbele kube
Ejighị ya eme nwanna	Anata mbele kube
Ewele	Anata mbele kube
Ewele	Anata mbele kube

Answer Key

Mkpụrụ Edemede(okwu) Igbo / Igbo Alphabet (pg 2)

A a	B b	CH ch	D d	E e	F f
G g	GB gb	GH gh	GW gw	H h	I i
Ị ị	J j	K k	KP kp	KW kw	L l
M m	N n	Ñ ñ	NW nw	NY ny	O o
Ọ ọ	P p	R r	S s	SH sh	T t
U u	Ụ ụ	V v	W w	Y y	Z z

Dee ihe atọ bidoro na mkpụrụ okwu ndịa (pg 2-5)

A ,E,I,Ị,O,Ọ,U, Ụ

Nabata okwu ọbụla bara uru

Ọnụ ọgụgụ Igbo (Numbers) (pg 6-7)

2 abụọ, 5 ise, 9 itolu, 12, iri na abụọ, 14 iri na anọ, 15 iri na ise,

18 iri na asatọ

Dee ọnụ ọgụgụ ndị a n'igbo (pg 10-12)
Ole ka ha dị?

2. itolu

3. ise

4. anọ

5. asatọ

6. atọ

7. iri na abụọ

8. isii

9. iri na asatọ

10. iri

Dee azịza ndị a na igbo (pg13)
   1. Ise
   2. Itolu
   3. Otu

Kedụ ihe a na akpọ akụkụ ahụ ndị a na igbo? (Pg 14-15)
   1. ntị
   2. imi
   3. ire
   4. eze
   5. egbugbere ọnụ
   6. anya
   7. aka
   8. iku anya

Were Onyiyo nke a zaa ajụjụ ndị a (pg19.)

Deputa aha akụkụ ahụ ndị a.

1. ntụtụ/agịrị isi
2. egedege iru
3. imi
4. ọnụ

Aka pg 17

1. Mbọ aka
2. ọba aka
3. mkpịsị aka
4. azu aka

Tinye okwu ndi na-ọnọdụ ha pg 18

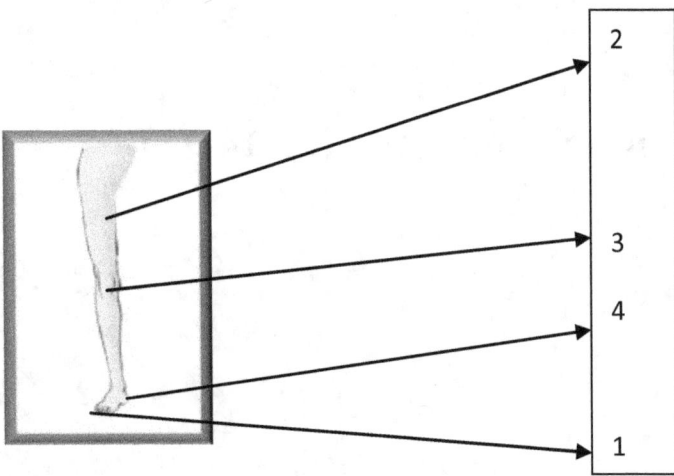

Gịnị ka a na-akpọ akụkụ ahụ ndị a? (pg 19)

1. anya
2. imi
3. ire
4. ntụtụ/agịrị isi
5. egedege iru
6. egbugbere ọnụ

Gịnị ka a na akpọ ụdị mmadụ ndị a (pg 20)
1. ụmụntakịrị
2. nwata/nwataịrị
3. okorọbịa
4. nwata nwanyị
5. nwata nwoke
6. agbọghọbịa
7. ndị mmadụ
8. nnanna

Depụta okwu ndị a na igbo (pg 22)
1. nwata/nwataịrị
2. nwata nwanyị
3. nnenne
4. nwanne m nwanyị
5. nwa nwa nwanyị
6. ụmụntakịrị
7. okorọbịa
8. nnanna
9. nwa nne m nwoke

10.   nwanwa nwoke

Depụta aha ihe ndị a a na eyi n'ahụ (pg 23)
1. uwe/efe
2. uwe ukwu
3. uwe ahụ
4. uwe ime
5. ekpuru ekpu
6. akpụkpụ ụkwụ
7. ọla
8. ọla ntị
9. ọla aka
10.   ihe olu

Gini ka a na akpo ihe ndi a (pg 24)
1. okpu
2. uri ọnụ
3. mkpara
4. akụpe/nfufe
5. akwa
6. uwe ime/shimi
7. akpa
8. enyo anya

Ihe dị na usekwu (pg 25)
1. ngaji
2. mma
3. okwuchi

4. efere

5. ite

6. efere ogbu

7. fọkụ

8. ọkụ

9. ekwu

10. iko

11. mbibi

Ihe dị n'ụlọ (pg 27)

1. ọnụ ụzọ

2. windo

3. ahụ ụlọ

4. oche

5. elekere

6. aziza

7. iko

8. tebụlụ

9. lampụ/oriana

10. akwụkwọ

11. mkpikiri nkụ

Ihe e ji arụ ọrụ n'ime ụlọ. (Gịnị bụ aha ihe ndị a?) {pg 29}

1. ncha

2. Otikpiri

3. Ntuni

4. ọwa ọkụ

5. bọketi

6. nhịhọ

7. Unyi/ebe a na etinye unyi

8. Egbugbu

9. Hama

10.   Nko

11.   Eriri

12.   Inya

13.   mmanụ

Ụdị nri dị iche iche (pg 31)

Dee aha mkpụrụ Osisi ndị a

1. aki bekee

2. pọpọ

3. tometo

4. nkwaba

5. mangoro

6. epe nkịrị

7. epe nkịrị

8. ube

9. unene

10.   abịrika nkpo

11.   tometo

Akwụkwọ Nri / Vegetables (pg 32)

1. ụgụ
2. ụgbọghọrọ
3. agwa
4. ayọ
5. ji
6. ọka
7. ero
8. ji bekee

Anụ / Meat (pg 35)

1. cow
2. ezi
3. ọkụkọ
4. atụrụ
5. nwa atụrụ
6. torotoro
7. odoligbo/
8. agwọ
9. eju
10.   nshịkọ
11.   oporo
12.   nkịta

Ihe ndị ọzọ a na eri eri (pg 37)

1. achịcha
2. ahịekere
3. akwa
4. azụ
5. ụkpa

Họrọ okwu nke ka nma mezuo ahịrị okwu ndị a (pg 38.)

1. iko
2. imi
3. agba
4. ụkwụ
5. ụlọ akwụkwọ
6. aka

Gwam gwam gwam

1. ube 2. ọnwa 3. nwagbogho m huru n'uzo adighi ego m ji alu ya

Depụta ihe ndị Ị mụtara n'akwụkwọ a

----

www.ingramcontent.com/pod-product-compliance
Lightning Source LLC
Chambersburg PA
CBHW081153280526
45787CB00008B/3317